"Vad du tänker, blir du.
Vad du känner, attraherar du.
Vad du föreställer dig, skapar du."

Välkommen till en transformerande resa genom konsten att manifestera dina livs drömmar!

Denna guide är din nyckel till att låsa upp hemligheterna med att använda universums energi för att förverkliga dina drömmar. Låt oss utforska de huvudsakliga principerna för framgångsrik manifestation:

Kraften i Stark Tro: De mest framgångsrika manifestationerna börjar alltid med att ha en stark inre tro. Det handlar inte bara om positivt tänkande; det handlar om att verkligen förstå att dina tankar och avsikter avger energi, d.v.s signaler som interagerar med allt runtomkring dig. När dina medvetna tankar stämmer överens med dina djupa övertygelser, tar dina manifestationer fart.

Matchande Energier: Varje tanke du bär på har sin egen energi. Tänk på dem som musiknoter som ska harmonisera. Liknande energier attraherar varandra och skapar en positiv resonans. När du börjar den här resan, föreställ dig varje intention som en tråd som förbinder dig med det du vill ha. Föreställ dig att färgerna du använder när du målar håller energin från dina önskemål.

Kvantanslutning: Föreställ dig dina tankar som ringar på vatten som påverkar allt omkring dig.
När du arbetar med att manifestera, varje gång du färglägger, hamnar du i ett meditativt läge vilket är det mest gynnsamma när du ska manifestera då Alfavågor (8-13 Hz) är de mest dominerande och gynnsamma av alla hjärnvågor. I alfastadiet påverkar du all energi i din omgivning som mest effektivt. Färgläggning är således som att tappa in i ett universellt energifält som stödjer dina mål i ditt liv.

Tålamod och Uthållighet: Tänk på att manifestationer är som att odla en trädgård. Det tar lite tid och omsorg. Universum (energin) behöver tid på sig att manifestera fram det du strävar efter. Tid och ansträngning arbetar tillsammans, precis som droppar av färg skapar en målning.

Inspirerande Handling: Din energi är kraftfull, men inspirerande handlingar får saker att hända för att du ska nå dina mål. Om det inte känns spännande, gör det inte. Om det känns jobbigt, gör det inte. Om det känns som en kamp, gör det inte. Om du känner dig nervös, gör det inte. Om du känner dig obekväm, gör det inte. Om det inte känns rätt just nu, gör det inte och om du försöker "få saker att hända", gör det inte.
Du kommer veta när det är dags för handling. Det kommer att gå lätt utan något som helst motstånd.

Så, är du redo att förvandla ditt liv? I så fall, njut av denna förtrollande process att manifestera din nya framtid! Med varje tanke, avsikt, positiv känsla, handling, och färg formar du din verklighet.
Må din resa vara full av positiva kopplingar, där dina drömmar blir levande och verkliga!

Visionstavla
Välj bilder som representerar din manifestation och placera dem på denna sida.

Jag kan och vill skapa mitt nya drömliv.

Upprepa affirmationen när du färglägger. Var i ett avslappnat tillstånd.
När du är klar, känn tacksamhet.

Min manifestation:

_____

_____

Här skapas min verklighet. Tack för allt jag attraherar till mig.

Visionstavla
Välj bilder som representerar din manifestation och placera dem på denna sida.

Jag omvandlar mina drömmar till verklighet.

Visualisera din dröm varje dag och lev som om det vore en realitet.

Min manifestation:

_____

_____

Här skapas min verklighet. Tack för allt jag attraherar till mig.

Visionstavla
Välj bilder som representerar din manifestation och placera dem på denna sida.

Jag försöker alltid att tänka positiva tankar.

Byt ut dina negativa tankar mot positiva affirmationer.

Min manifestation:

_____

_____

Här skapas min verklighet. Tack för allt jag attraherar till mig.

Visionstavla
Välj bilder som representerar din manifestation och placera dem på denna sida.

Mina tankar är kraftfulla och jag är vis med dem.

Se dina tankar som ett kraftfullt vapen att forma ditt liv.

Min manifestation:

_____

_____

Här skapas min verklighet. Tack för allt jag attraherar till mig.

Visionstavla

Välj bilder som representerar din manifestation och placera dem på denna sida.

Energin jag sänder ut talar högre än mina ord.

Var försiktig med vilka energier du sänder ut, de säger mycket om dig.

Min manifestation:

_____◆

◇_____

Här skapas min verklighet. Tack för allt jag attraherar till mig.

Visionstavla
Välj bilder som representerar din manifestation och placera dem på denna sida.

Jag manifesterar fram den verklighet jag vill ha.

Använd dina tankar och agera därefter för att skapa din verklighet.

Min manifestation:

_____

_____

Här skapas min verklighet. Tack för allt jag attraherar till mig.

Visionstavla

Välj bilder som representerar din manifestation och placera dem på denna sida.

Jag styr mitt liv som jag vill.

Gör dina val och styr mot dina mål och drömmar.

Min manifestation:

_____

_____

Här skapas min verklighet. Tack för allt jag attraherar till mig.

Visionstavla
Välj bilder som representerar din manifestation och placera dem på denna sida.

I höga energier attraherar jag mer.

Var tacksam över det du redan har.
Det höjer dina energier och attraherar in fler positiva saker.

Min manifestation:

_____

_____

Här skapas min verklighet. Tack för allt jag attraherar till mig.

Jag ser tecken från universum överallt.

Oavsett om det är en sång, repetition av ord, eller en känsla, dessa tecken erbjuder dig insikter och vägledning, om du är öppen för dem.

Min manifestation:

_____

_____

Här skapas min verklighet. Tack för allt jag attraherar till mig.

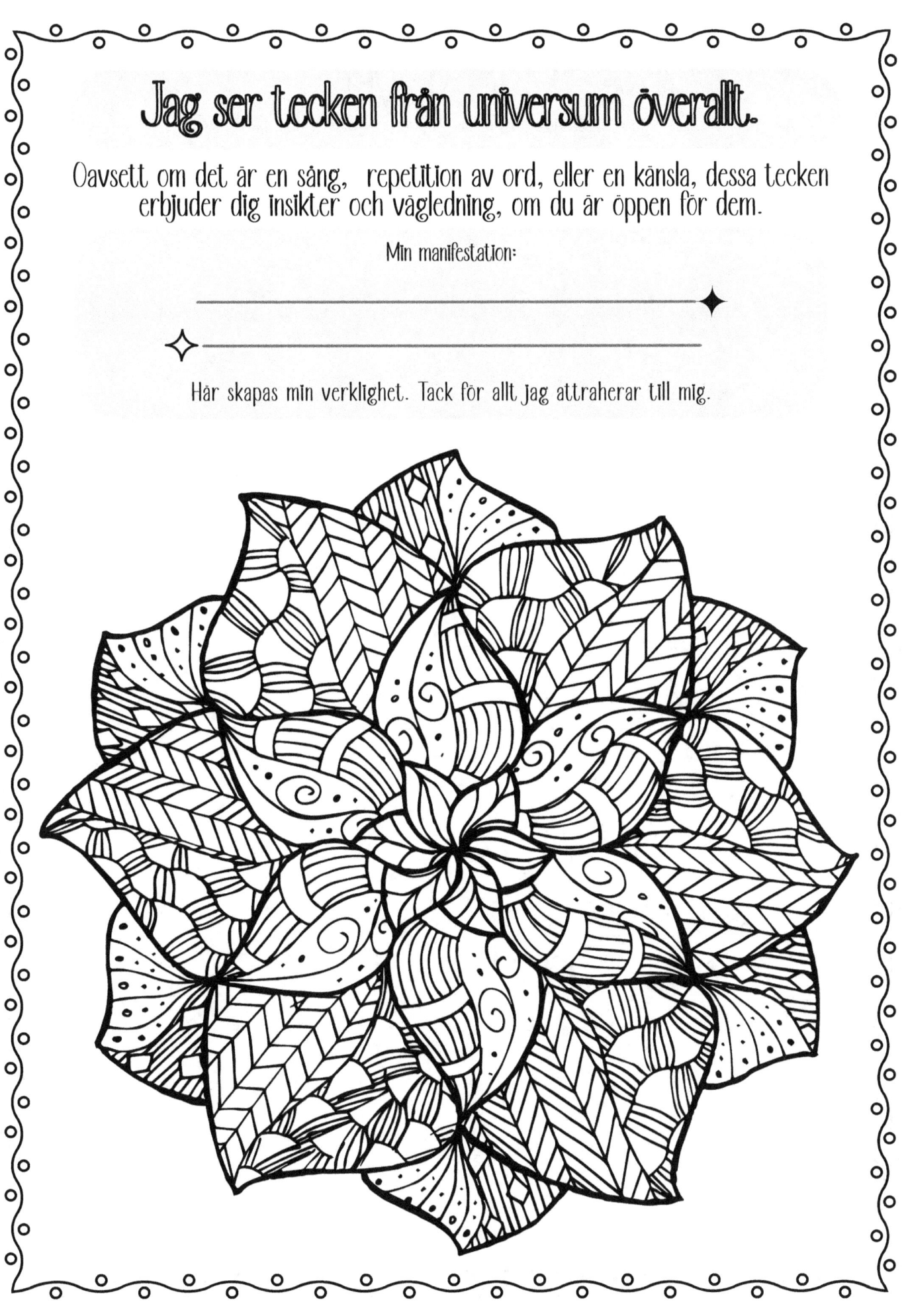

Visionstavla

Välj bilder som representerar din manifestation och placera dem på denna sida.

En manifestation börjar med en tanke.

Fundera på vad du verkligen vill manifestera.
Var specifik och tydlig med dina önskemål.

Min manifestation:

_____ ✦

✦ _____

Här skapas min verklighet. Tack för allt jag attraherar till mig.

Visionstavla
Välj bilder som representerar din manifestation och placera dem på denna sida.

Universum arbetar till min fördel.

Lita på att saker händer till din fördel och ta dig an utmaningar med optimism och tron på att bra saker är på väg.

Min manifestation:

_____ ◆

◇ _____

Här skapas min verklighet. Tack för allt jag attraherar till mig.

Visionstavla
Välj bilder som representerar din manifestation och placera dem på denna sida.

Universum lyssnar även om jag inte tror.

Universum reagerar på dina tankar, känslor och avsikter oavsett om du har full tilltro till processen eller inte.

Min manifestation:

_____ ◆

◆ _____

Här skapas min verklighet. Tack för allt jag attraherar till mig.

Visionstavla
Välj bilder som representerar din manifestation och placera dem på denna sida.

Universum är min medskapare.

Ha en konversation med universum i din fantasi.
Prata om dina avsikter som om du diskuterade dem med en stödjande allierad.

Min manifestation:

_____

_____

Här skapas min verklighet. Tack för allt jag attraherar till mig.

Visionstavla

Välj bilder som representerar din manifestation och placera dem på denna sida.

Jag förstår mitt värde, så även universum.

Stå framför en spegel och titta in i dina ögon. Upprepa mantrat:
"Jag vet mitt värde, och det gör universum också."

Min manifestation:

_____ ◆

◆ _____

Här skapas min verklighet. Tack för allt jag attraherar till mig.

Visionstavla
Välj bilder som representerar din manifestation och placera dem på denna sida.

Tacksamhet attraherar mer att vara tacksam över.

Att odla tacksamhet lockar till positivitet och fler saker att få vara tacksam över.

Min manifestation:

_____ ◆

◆ _____

Här skapas min verklighet. Tack för allt jag attraherar till mig.

Visionstavla
Välj bilder som representerar din manifestation och placera dem på denna sida.

Mitt humör skapar min verklighet.

Om du är på dåligt humör, ta en kort paus.
Lyssna på en favoritlåt eller gör något som får dig att bli glad igen.

Min manifestation:

◆———————————————————————————◆
◆———————————————————————————◆

Här skapas min verklighet. Tack för allt jag attraherar till mig.

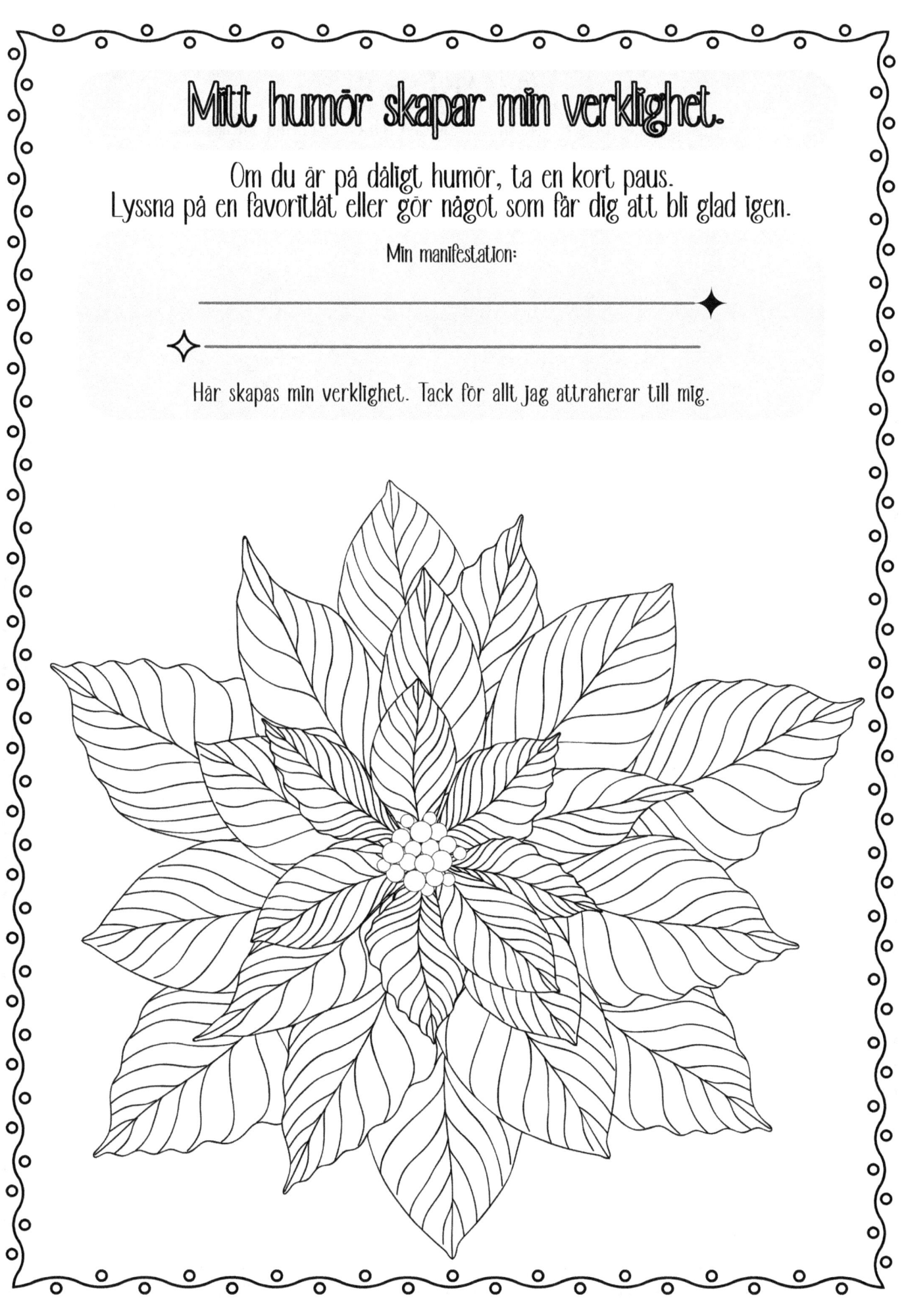

Visionstavla
Välj bilder som representerar din manifestation och placera dem på denna sida.

Jag kan kräva från universum, inte bara önska.

Formulera affirmationer som tydligt uttrycker dina avsikter. Använd ord som 'Jag kräver' och 'Jag förtjänar' för att stärka budskapet.

Min manifestation:

_____◆

◇_____

Här skapas min verklighet. Tack för allt jag attraherar till mig.

Visionstavla

Välj bilder som representerar din manifestation och placera dem på denna sida.

Jag attraherar och tar emot positivitet.

När du upprepar frasen, tänk också på något du är tacksam för.
Det höjer dina energier.

Min manifestation:

_____

_____

Här skapas min verklighet. Tack för allt jag attraherar till mig.

Visionstavla

Välj bilder som representerar din manifestation och placera dem på denna sida.

Mina energier är i harmoni med universum.

Blunda och föreställ dig din kropp som en radio. Välj en frekvens av positivitet, framgång och tillfredsställelse.

Min manifestation:

_____

_____

Här skapas min verklighet. Tack för allt jag attraherar till mig.

Visionstavla

Välj bilder som representerar din manifestation och placera dem på denna sida.

Jag känner därför attraherar jag.

Varje gång du har en positiv tanke, jublar universum.

Min manifestation:

_____

_____

Här skapas min verklighet. Tack för allt jag attraherar till mig.

Visionstavla
Välj bilder som representerar din manifestation och placera dem på denna sida.

Jag manifesterar, tror, och tar emot.

Under dagen, bekräfta att du är öppen för att ta emot din önskan.
Lita på att det är på väg.

Min manifestation:

_____

_____

Här skapas min verklighet. Tack för allt jag attraherar till mig.

Visionstavla
Välj bilder som representerar din manifestation och placera dem på denna sida.

Förändring startar först inom mig.

Bekräfta den förändring du vill ha. Till exempel,
"Jag omfamnar den positiva förändringen inom mig."

Min manifestation:

_____

_____

Här skapas min verklighet. Tack för allt jag attraherar till mig.

Visionstavla

Välj bilder som representerar din manifestation och placera dem på denna sida.

Jag förstår universum och min verklighet.

När du fokuserar på din omgivning, föreställ dig att du känner universums energi som flödar genom allt.

Min manifestation:

_____

_____

Här skapas min verklighet. Tack för allt jag attraherar till mig.

Visionstavla
Välj bilder som representerar din manifestation och placera dem på denna sida.

Mina energier attraherar likasinnade.

Odla kontakter med individer som lyfter och inspirerar dig.
Främja äkta vänskap.

Min manifestation:

_____ ✦

✦ _____

Här skapas min verklighet. Tack för allt jag attraherar till mig.

Jag och materia har samma energi.

Rör olika föremål, känn dess energi och hur dina egna energier kopplar med dem.

Min manifestation:

_____ ◆

◆ _____

Här skapas min verklighet. Tack för allt jag attraherar till mig.

Visionstavla

Välj bilder som representerar din manifestation och placera dem på denna sida.

Universum guidar mig konstant.

Var öppen och mottaglig för de subtila signaler och synkroniciteter som uppstår omkring dig. Lita på dess vägledning som alltid är närvarande.

Min manifestation:

_____ ◆

◆ _____

Här skapas min verklighet. Tack för allt jag attraherar till mig.

Visionstavla
Välj bilder som representerar din manifestation och placera dem på denna sida.

Mina tankar är frön till min framtid.

Dagens tankar formar morgondagens resultat.
Tankar lägger grunden för framtiden.

Min manifestation:

_____ ◆

◇ _____

Här skapas min verklighet. Tack för allt jag attraherar till mig.

Visionstavla

Välj bilder som representerar din manifestation och placera dem på denna sida.

Mina övertygelser speglar min verklighet.

Dina övertygelser filtrerar din interaktion med världen. Justera dem för en mer tillfredsställande verklighet.

Min manifestation:

_____

_____

Här skapas min verklighet. Tack för allt jag attraherar till mig.

Visionstavla

Välj bilder som representerar din manifestation och placera dem på denna sida.

Universum är en målarduk för mina drömmar.

Omfamna din roll som en medskapare av ditt livs upplevelser. Föreställ dig, och visualisera dina drömmar efter vad du vill manifestera.

Min manifestation:

_____◆

◇_____

Här skapas min verklighet. Tack för allt jag attraherar till mig.

Visionstavla
Välj bilder som representerar din manifestation och placera dem på denna sida.

Jag manifesterar fram allt jag drömmer om.

Delta aktivt i att forma ditt eget öde. Tror på möjligheten att dina drömmar och vidta nödvändiga åtgärder för att förverkliga dem.

Min manifestation:

_____

_____

Här skapas min verklighet. Tack för allt jag attraherar till mig.

Visionstavla
Välj bilder som representerar din manifestation och placera dem på denna sida.

Jag släpper tvivel och omfamnar möjligheter.

Byt fokus från begränsningar till möjligheter. Det uppmuntrar dig att frigöra dig själv från självpåtagna barriärer och välkomna det okända med optimism.

Min manifestation:

_____

_____

Här skapas min verklighet. Tack för allt jag attraherar till mig.

Visionstavla
Välj bilder som representerar din manifestation och placera dem på denna sida.

Mina energier är universums språk.

Ta en stund att ställa in din energi. Hur känner du dig i detta ögonblick?

Min manifestation:

_____ ♦

♢ _____

Här skapas min verklighet. Tack för allt jag attraherar till mig.

Visionstavla
Välj bilder som representerar din manifestation och placera dem på denna sida.

Mitt sinne är en trädgård för positivitet.

Visualisera att du planterar frön av positiva tankar och affirmationer i ditt sinne.

Min manifestation:

_____ ◆

◇ _____

Här skapas min verklighet. Tack för allt jag attraherar till mig.

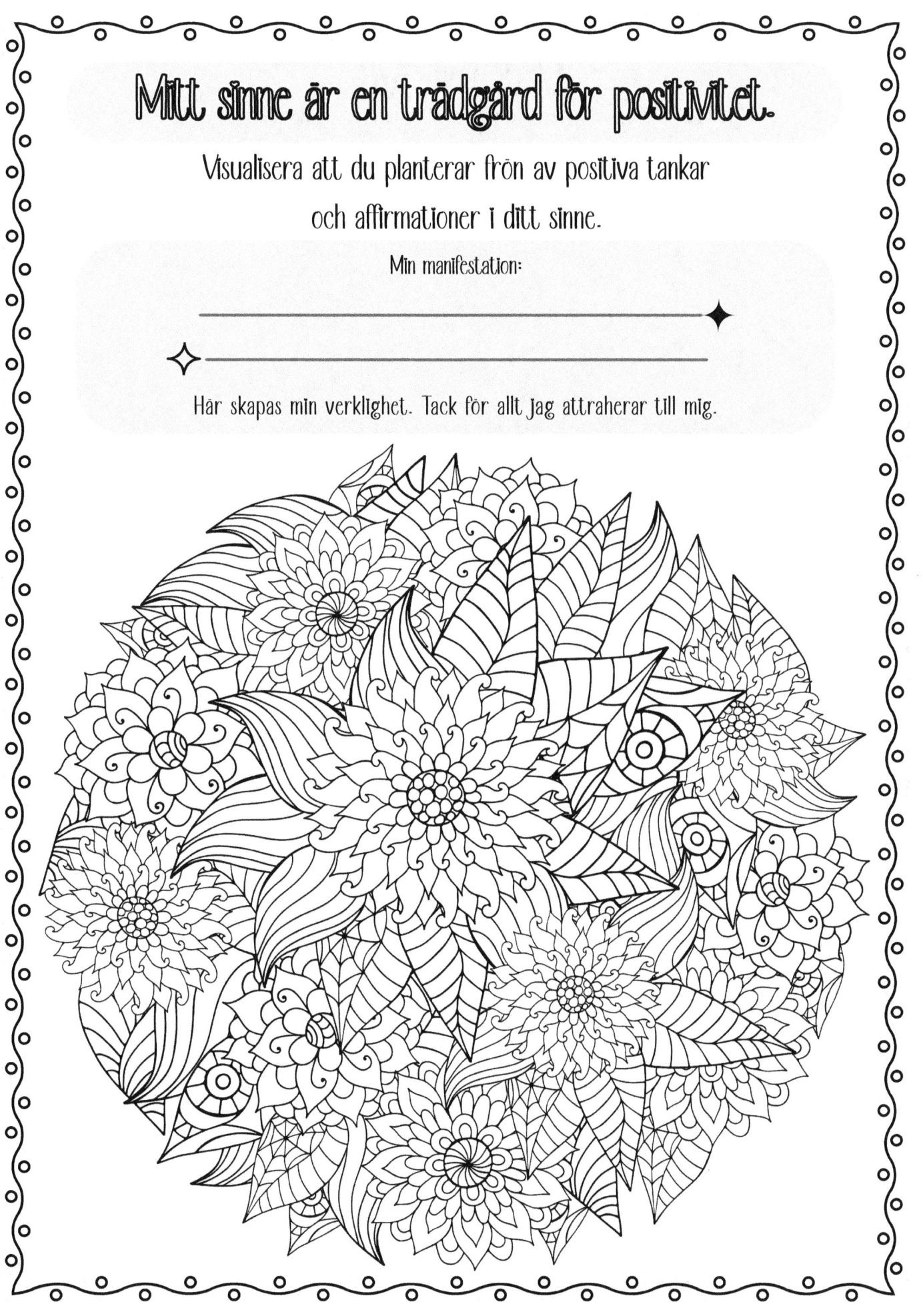

Visionstavla

Välj bilder som representerar din manifestation och placera dem på denna sida.

Mina handlingar betyder allt för universum.

Innan du agerar, sätt en positiv avsikt.
Tänk på hur ditt agerande stämmer överens med dina önskemål.

Min manifestation:

_____ ✦

✦ _____

Här skapas min verklighet. Tack för allt jag attraherar till mig.

Visionstavla
Välj bilder som representerar din manifestation och placera dem på denna sida.

Positiva tankar ger positiva resultat.

Skapa en affirmation som exempelvis:
"Jag attraherar positiva saker med mina tankar."

Min manifestation:

_____ ◆

◇ _____

Här skapas min verklighet. Tack för allt jag attraherar till mig.

Visionstavla

Välj bilder som representerar din manifestation och placera dem på denna sida.

Mitt humör skapar min verklighet.

Var uppmärksam på ditt humör och dess potentiella inverkan på dina uppfattningar och interaktioner med andra.

Min manifestation:

_____ ◆

◇ _____

Här skapas min verklighet. Tack för allt jag attraherar till mig.

Visionstavla

Välj bilder som representerar din manifestation och placera dem på denna sida.

Jag tror på mig själv.

Reflektera över tillfällen då du underskattade din potential. Ändra ditt tänkesätt att anamma tanken att du kan uppnå mer än du inser.

Min manifestation:

_____

_____

Här skapas min verklighet. Tack för allt jag attraherar till mig.

Visionstavla
Välj bilder som representerar din manifestation och placera dem på denna sida.

Mina drömmar skapar min verklighet.

Upprepa affirmationer såsom:
"Mina drömmar styr min verklighet" för att förstärka ditt fokus.

Min manifestation:

_____

_____

Här skapas min verklighet. Tack för allt jag attraherar till mig.

Visionstavla

Välj bilder som representerar din manifestation och placera dem på denna sida.

Mina energier är mer kraftfulla än mina ord.

Reflektera över situationer där du kände någons energi innan de pratade. Tänk på den energi du avger i dina interaktioner.

Min manifestation:

_____

_____

Här skapas min verklighet. Tack för allt jag attraherar till mig.

Visionstavla
Välj bilder som representerar din manifestation och placera dem på denna sida.

Jag tvivlar mina tvivel, inte mina drömmar.

Ha förtroende för dina drömmar samtidigt som du ifrågasätter alla tvivel som uppstår.

Min manifestation:

_____

_____

Här skapas min verklighet. Tack för allt jag attraherar till mig.

Visionstavla
Välj bilder som representerar din manifestation och placera dem på denna sida.

Min energi attraherar matchande erfarenheter.

Tänk på tillfällen då din positiva energi ledde till positiva möten.
Odla en högvibrerande energi för att attrahera önskade upplevelser.

Min manifestation:

_____

_____

Här skapas min verklighet. Tack för allt jag attraherar till mig.

Visionstavla
Välj bilder som representerar din manifestation och placera dem på denna sida.

Jag förtjänar det bästa i mitt liv.

Reflektera över fall där självtvivel hindrade dina framsteg.
Omfamna tron att du förtjänar det bästa.

Min manifestation:

_____◆

◆_____

Här skapas min verklighet. Tack för allt jag attraherar till mig.

Visionstavla

Välj bilder som representerar din manifestation och placera dem på denna sida.

Jag skapar allt med min energi.

Kontrollera om dina handlingar matchar det du vill. Håll dina avsikter starka genom att göra saker som matchar.

Min manifestation:

_____ ✦

✧ _____

Här skapas min verklighet. Tack för allt jag attraherar till mig.

Visionstavla

Välj bilder som representerar din manifestation och placera dem på denna sida.

Känslor är min själs språk.

Lyssna på dina känslor. De kan berätta mycket om vad du vill och hur du mår

Min manifestation:

_____◆

◇_____

Här skapas min verklighet. Tack för allt jag attraherar till mig.

Visionstavla
Välj bilder som representerar din manifestation och placera dem på denna sida.

Allt utvecklas som det ska.

Tänk på tillfällen då oväntade saker blev bra.
Tror på att din väg har en anledning.

Min manifestation:

_____

_____

Här skapas min verklighet. Tack för allt jag attraherar till mig.

Visionstavla

Välj bilder som representerar din manifestation och placera dem på denna sida.

Jag är dirigenten i mitt liv.

Tänk på olika delar av ditt liv.

Se hur dina val formar hur det går.

Min manifestation:

_____

_____

Här skapas min verklighet. Tack för allt jag attraherar till mig.

Visionstavla
Välj bilder som representerar din manifestation och placera dem på denna sida.

Jag litar på universums stöd.

Reflektera över tider då utmaningar ledde till oväntad tillväxt.
Omfamna tron att universum stödjer din resa.

Min manifestation:

_____

_____

Här skapas min verklighet. Tack för allt jag attraherar till mig.

Visionstavla

Välj bilder som representerar din manifestation och placera dem på denna sida.

Mina känslor snabbar upp manifestationerna.

Reflektera över tider då starka känslor ledde till snabba manifestationer. Kanalisera positiva känslor för att påskynda dina önskade resultat.

Min manifestation:

_____

_____

Här skapas min verklighet. Tack för allt jag attraherar till mig.

Visionstavla
Välj bilder som representerar din manifestation och placera dem på denna sida.

Mitt humör skapar min verklighet.

Föreställ dig din energi som en inbjudan. Höj den för att dra in det du önskar.

Min manifestation:

_____

_____

Här skapas min verklighet. Tack för allt jag attraherar till mig.

Visionstavla

Välj bilder som representerar din manifestation och placera dem på denna sida.

Min passion kickstartar positiv energi.

När du verkligen önskar något och känner passion för det, accelererar universum för att göra det till verklighet.

Min manifestation:

_____◆

◇_____

Här skapas min verklighet. Tack för allt jag attraherar till mig.

Visionstavla

Välj bilder som representerar din manifestation och placera dem på denna sida.

Min tacksamhet lockar till mig fler bra saker.

Säg "tack" till universum, och i gengäld ger den dig
fler saker att vara tacksam för.

Min manifestation:

_____

_____

Här skapas min verklighet. Tack för allt jag attraherar till mig.

Visionstavla

Välj bilder som representerar din manifestation och placera dem på denna sida.

Mina tankar och känslor är universums kompass.

Se dig själv som en berättare och universum som din magisk hjälpreda som gör dina berättelser till verklighet.

Min manifestation:

_____◆

◆_____

Här skapas min verklighet. Tack för allt jag attraherar till mig.

Visionstavla
Välj bilder som representerar din manifestation och placera dem på denna sida.

Universum är min bästa vän.

Föreställa dig universum som en vänlig hjälpare, ivrig att uppfylla dina önskemål när du verkligen vill ha något.

Min manifestation:

_____ ✦

✦ _____

Här skapas min verklighet. Tack för allt jag attraherar till mig.

Visionstavla

Välj bilder som representerar din manifestation och placera dem på denna sida.

Universum attraherar mer till positiv energi.

Universum är din vän som hejar på dig
när du säger positiva saker om dig själv.

Min manifestation:

_____

_____

Här skapas min verklighet. Tack för allt jag attraherar till mig.

Visionstavla
Välj bilder som representerar din manifestation och placera dem på denna sida.

Känslor av överflöd attraherar mer överflöd.

När du känner dig rik och låtsas leva i överflöd tror universum att det är det du vill ha och skickar mer rikedom och överflöd till dig.

Min manifestation:

_____

_____

Här skapas min verklighet. Tack för allt jag attraherar till mig.

Visionstavla
Välj bilder som representerar din manifestation och placera dem på denna sida.

Tro, förverkliga, uppnå.

Tro: Visualisera ditt mål. Förverkliga: Bekräfta ditt mål genom att ha fokus.
Uppnå: Ta handling.

Min manifestation:

_____

_____

Här skapas min verklighet. Tack för allt jag attraherar till mig.

Visionstavla
Välj bilder som representerar din manifestation och placera dem på denna sida.

Jag är öppen för positiva välsignelser.

Håll handflatorna öppna, gör dig redo att fånga alla positiva välsignelser som kommer din väg.

Min manifestation:

_____ ◆

◇ _____

Här skapas min verklighet. Tack för allt jag attraherar till mig.

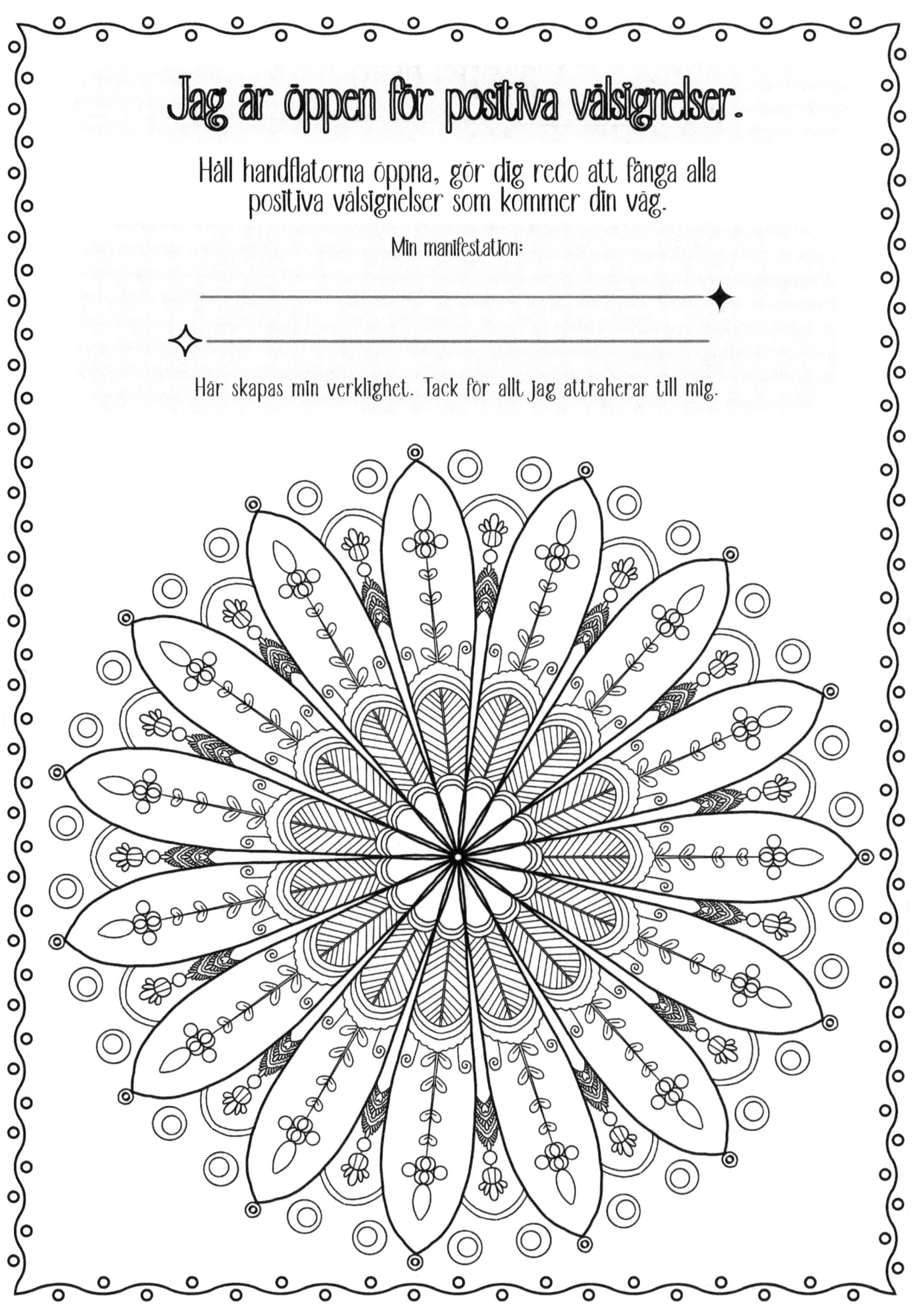

Visionstavla

Välj bilder som representerar din manifestation och placera dem på denna sida.

Tacksamhet förvandlar det du har till tillräckligt.

Öva tacksamhet varje dag.

Min manifestation:

_____

_____

Här skapas min verklighet. Tack för allt jag attraherar till mig.

Visionstavla
Välj bilder som representerar din manifestation och placera dem på denna sida.

Tro på överflöd: det tillhör dig.

Föreställ dig universum som en generös vän som erbjuder dig rikliga gåvor av överflöd i det du önskat.

Min manifestation:

_____

_____

Här skapas min verklighet. Tack för allt jag attraherar till mig.

Visionstavla

Välj bilder som representerar din manifestation och placera dem på denna sida.

Jag vet vad jag vill ha; och ser dem utvecklas.

Visualisera en filmscen där du redan nu, lever lyckligt
i det drömliv du manifesterar.

Min manifestation:

_____ ◆

◇ _____

Här skapas min verklighet. Tack för allt jag attraherar till mig.

Visionstavla
Välj bilder som representerar din manifestation och placera dem på denna sida.

Universum guidar mig till ett liv i överflöd.

Föreställ dig universum som en GPS, som guidar dig steg för steg till din drömliv.

Min manifestation:

_____

_____

Här skapas min verklighet. Tack för allt jag attraherar till mig.

Utstråla gränslös kärlek till hela världen och
må alla dina drömmar gå i uppfyllelse.

www.ingramcontent.com/pod-product-compliance
Lightning Source LLC
LaVergne TN
LVHW061937070526
838199LV00060B/3855